La Armadura de Dios

iCharacter

Creado por Agnes y Salem de Bezenac
Ilustrado por Agnes de Bezenac
Coloreado por Hanny A. • Traducción: Quiti Vera
www.iCharacter.org
Copyright 2014. Todos los derechos reservados.
ISBN 978-1-62387-031-7

Puedo ser fuerte en momentos difíciles porque cuento con el poder de Dios.

"Sé fuerte en el Señor y en el poder de Su fuerza".

El poder de Dios es como una armadura espiritual que me protege de las tentaciones del diablo.

"Ponte toda la armadura de Dios para que puedas mantenerte firme contra los planes del diablo".

No vale la pena pelear con quienes quieren hacerme daño, sino más bien contra el mal y la maldad.

"Nuestra lucha no es contra seres humanos sino contra el reino del diablo".

El diablo es nuestro enemigo, pero no podemos verlo ni pelear físicamente contra él.

"Luchamos contra fuerzas espirituales malignas en el mundo y en los cielos".

Debo alistarme: como todo gran guerrero de Dios, es necesario que aprenda a ponerme una armadura espiritual para protegerme.

«Por lo tanto, debemos ponernos toda la armadura de Dios para que podamos resistir cuando se nos presente el mal».

Dios es fuerte y poderoso, y siempre está conmigo. Como un cinturón bien ceñido, la verdad de la Palabra de Dios me sostendrá y me protegerá.

"Defiendan su posición, poniéndose el cinturón de la verdad".

El cinturón que usaban los soldados romanos era muy importante porque sujetaba bien todo su uniforme. Además, sujetaba las armas necesarias para el combate.

Dios me enseña que debo obrar bien y ser amable, incluso cuando el diablo trata de desviarme. Manifestando amor a los demás, protejo mi corazón y demuestro que soy fuerte con la ayuda de Dios.

"...Y revestidos con la coraza de la justicia".

El soldado romano vestía una protección metálica sobre el pecho para resguardar sus órganos vitales. Si alguno de estos llegaba a sufrir daño, su vida correría peligro.

Estoy listo para salir a contarles a los demás las buenas nuevas del amor y la paz de Dios.

"Y con los pies calzados con la disposición de predicar el evangelio de la paz".

Para el soldado era importante contar con un buen calzado pues siempre debían estar preparados para realizar largos viajes, sin previo aviso.

¡Para protegerme del diablo, uso el escudo de la fe! La fe consiste en confiar en Dios y creer en Él, aunque no pueda verlo con mis propios ojos. Dios cree en mí y yo creo en Él. Cuando confío en Dios, soy fuerte.

"Además, levanten el escudo de la fe para detener todas las flechas encendidas del diablo".

DURANTE LA BATALLA, LOS SOLDADOS ROMANOS SE FORMABAN SOSTENIENDO FIRMEMENTE SUS ENORMES ESCUDOS, UNOS JUNTO A OTROS, PARA EVITAR QUE EL ENEMIGO LOS TRASPASARA.

Del mismo modo en que un casco me protege la cabeza, el sacrificio de Jesús protege mi alma. Dios me rescató de mis errores cuando Jesús murió para salvarme.

"Tomen el casco de la salvación".

LOS SOLDADOS ROMANOS USABAN CASCOS DE HIERRO PARA PROTEGERSE LA CABEZA Y EL ROSTRO.

Puedo usar la Palabra de Dios como arma poderosa contra el diablo. Cuando me siento tentado a hacer algo malo, la Biblia me recuerda lo que debo hacer en vez.

«Y tomen la espada del Espíritu que es la Palabra de Dios».

La espada romana era lo suficientemente ligera como para que resultara fácil de usar. Sin embargo, era muy fuerte y afilada.

Ahora que tengo puesta mi armadura de Dios, practicaré usarla. Oro a menudo y le pido a Jesús que me guíe.

"Oren en todo momento y pídanle a Dios lo que necesiten".

El soldado quiere vencer, por eso presta atención y hace lo que sea que le ordene su comandante.

Debo alistarme para enfrentar al Diablo en todo momento y orar para que otros también lo hagan.

"Manténganse en estado de alerta y nunca se den por vencidos; orando siempre por el pueblo de Dios".

El soldado siempre está alerta, siempre listo y preparado para cualquier ataque de enemigo.

un tiempo para

Querido Dios:

Por favor ayúdame a ponerme Tu armadura del espíritu todos los días.

Ayúdame también a elegir el bien cuando me vea tentado a hacer el mal.

ORAR

Enséñame a obrar amorosamente.

Dame el arrojo para hablarles a los demás de Ti.

Recuérdame que lea y obedezca Tu Palabra.

Por favor, hazme fuerte en Ti. Amen.

Un tiempo para alabar

Gracias, querido Dios,
por haberme dado esta
armadura para protegerme
contra el diablo.

Gracias por darme fuerzas,
aun cuando me siento débil.

Te alabo porque siempre
estás ahí para ayudarme.

No te pierdas la colección

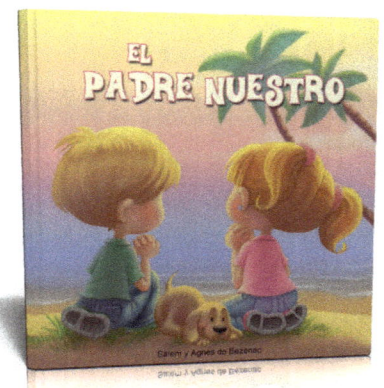

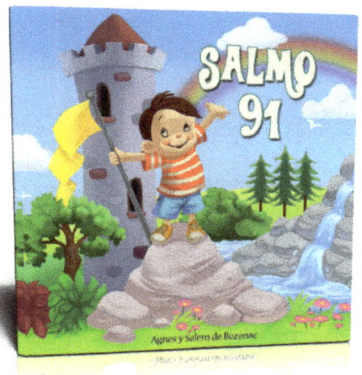

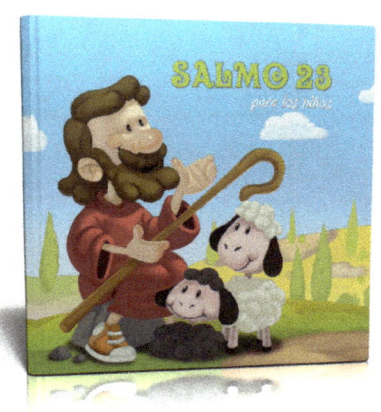

www.ingramcontent.com/pod-product-compliance
Lightning Source LLC
Chambersburg PA
CBHW061359160426
42811CB00099B/1226